O CASCÃO VIVE FUGINDO DO BANHO PORQUE ELE TEM MEDO DE ÁGUA. POR ISSO, ELE ESTÁ SEMPRE SUJINHO!

MAURICIO

O CASCÃO TEM UM BICHINHO DE ESTIMAÇÃO INCOMUM!
É UM PORQUINHO CHAMADO CHOVINISTA!

ELE E SEU MELHOR AMIGO, CEBOLINHA, ESTÃO SEMPRE TRAMANDO UMA FORMA DE PEGAR O COELHINHO DA MÔNICA.

OS PLANOS DE PEGAR O SANSÃO NUNCA DÃO CERTO E O CASCÃO ACABA SE DANDO MAL, TOMANDO VÁRIAS COELHADAS!

APESAR DE APRONTAR BASTANTE, O CASCÃO É MUITO INTELIGENTE E BRINCALHÃO. POR ISSO, TEM MUITOS AMIGOS!

ELE GOSTA MUITO DE CRIAR BRINQUEDOS COM AS COISAS QUE IRIAM PARA O LIXO. SUA IMAGINAÇÃO NÃO TEM FIM!

APESAR DAS CONFUSÕES, A TURMA DO BAIRRO DO LIMOEIRO É MUITO UNIDA E NINGUÉM FICA DE FORA DA DIVERSÃO!

QUANDO SE ESTÁ RODEADO DE AMIGOS, NÃO TEM DIA DE CHUVA QUE FIQUE SEM GRAÇA. TUDO VIRA BRINCADEIRA!

CASCÃO CHEGOU PARA BRINCAR. E SABE O QUE É MELHOR? ELE TROUXE A TURMINHA DO BAIRRO DO LIMOEIRO TAMBÉM! ESTA EDIÇÃO APRESENTA DESENHOS SUPERLEGAIS PARA COLORIR E SE DIVERTIR!

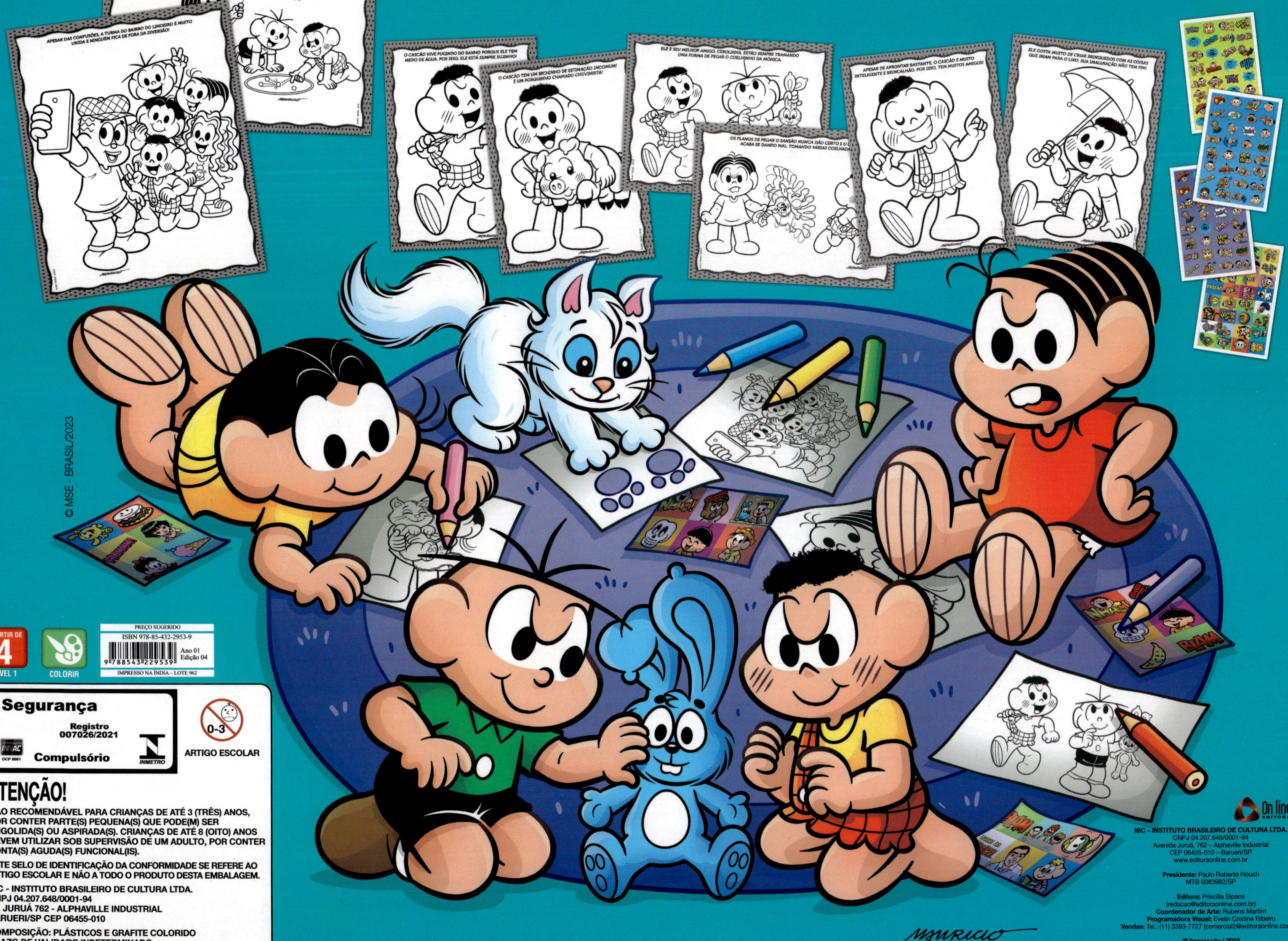

A PARTIR DE 4
NÍVEL 1

COLORIR

PREÇO SUGERIDO
ISBN 978-85-432-2953-9
Ano 01
Edição 04
IMPRESSO NA ÍNDIA – LOTE 962

Segurança
Registro 007026/2021
Compulsório
OCP 0061
INMETRO

0-3
ARTIGO ESCOLAR

ATENÇÃO!

NÃO RECOMENDÁVEL PARA CRIANÇAS DE ATÉ 3 (TRÊS) ANOS, POR CONTER PARTE(S) PEQUENA(S) QUE PODE(M) SER ENGOLIDA(S) OU ASPIRADA(S). CRIANÇAS DE ATÉ 8 (OITO) ANOS DEVEM UTILIZAR SOB SUPERVISÃO DE UM ADULTO, POR CONTER PONTA(S) AGUDA(S) FUNCIONAL(IS).

ESTE SELO DE IDENTIFICAÇÃO DA CONFORMIDADE SE REFERE AO ARTIGO ESCOLAR E NÃO A TODO O PRODUTO DESTA EMBALAGEM.

IBC - INSTITUTO BRASILEIRO DE CULTURA LTDA.
CNPJ 04.207.648/0001-94
AV. JURUÁ 762 - ALPHAVILLE INDUSTRIAL
BARUERI/SP CEP 06455-010

COMPOSIÇÃO: PLÁSTICOS E GRAFITE COLORIDO
PRAZO DE VALIDADE INDETERMINADO
GUARDAR ESSA EMBALABEM PARA EVENTUAIS CONSULTAS

ORIGEM: ÍNDIA – SAC: ATENDIMENTO@EDITORAONLINE.COM.BR

On line EDITORA

IBC – INSTITUTO BRASILEIRO DE CULTURA LTDA.
CNPJ 04.207.648/0001-94
Avenida Juruá, 762 – Alphaville Industrial
CEP 06455-010 – Barueri/SP
www.editoraonline.com.br

Presidente: Paulo Roberto Houch
MTB 0083982/SP

Editora: Priscilla Sipans
(redacao@editoraonline.com.br)
Coordenador de Arte: Rubens Martim
Programadora Visual: Evelin Cristine Ribeiro
Vendas: Tel.: (11) 3393-7727 (comercial2@editoraonline.com.br)

2ª Impressão | 2023